In diesem Heft lernst du Wörter und ihre Bedeutung kennen. Du übst die Wörter zu schreiben und zu lesen.

1 Lies die Wörter. Schreibe die Wörter ab.

 der Affe _____

 füttern _____

 die Klasse _____

 das Messer _____

 klettern _____

 die Hummel _____

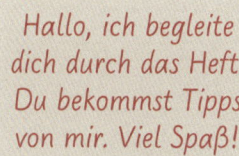

Hallo, ich begleite dich durch das Heft. Du bekommst Tipps von mir. Viel Spaß!

1 Verbinde mit dem passenden Bild.

Klasse

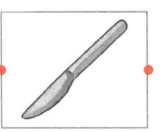

füttern

klettern

Messer

Hummel

Affe

 Verbinde.

Hum

Ham

mel

Af

If

fe

klet

klat

tern

Mis

Mes

ser

Klos

Klas

se

füt

fet

tern

1 Kreise die passende Silbe ein. Schreibe das Wort fertig.

Hum_____

mel
mol
mil

Af_____

fi
fe
fo

klet_____

tirn
tern
tarn

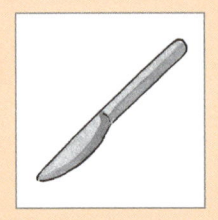

Mes_____

sir
sar
ser

Klas_____

si
se
so

füt_____

tirn
tern
tarn

1 Lies. Male.

Messer	Klasse	Affe
klettern	füttern	Hummel

1 Finde die Wörter. Schreibe die Wörter auf.

Du kannst die Wörter im Rätsel auch einkreisen oder farbig markieren.

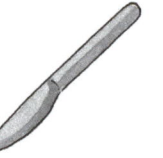

Y	E	A	F	F	E	U	Y	H	C	R
I	W	K	P	V	H	U	M	M	E	L
A	X	K	L	E	T	T	E	R	N	X
T	M	M	E	S	S	E	R	G	Y	O
K	L	A	S	S	E	B	B	Q	X	E
T	F	Ü	T	T	E	R	N	V	R	T

1 Lies die Wörter. Schreibe die Wörter ab.

 malen _____

 lesen _____

 rufen _____

 der Regen _____

 der Besen _____

 der Haken _____

1 Verbinde mit dem passenden Bild.

| rufen | | lesen |

| Besen | | Regen |

| Haken | | malen |

Verbinde.

| Bi |
| Be |

sen

| Re |
| Ri |

gen

| ru |
| ro |

fen

| li |
| le |

sen

| Ha |
| Ho |

ken

| mi |
| ma |

len

1 Kreise die passende Silbe ein. Schreibe das Wort fertig.

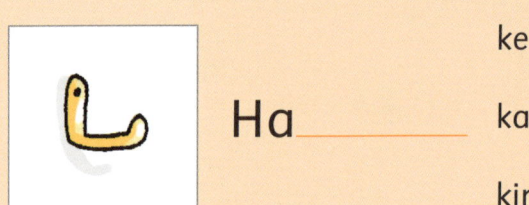

Ha_____

ken
kan
kin

Re_____

gin
gen
gon

Be_____

sin
sen
san

ma_____

lin
lan
len

ru_____

fin
fan
fen

le_____

sen
san
sun

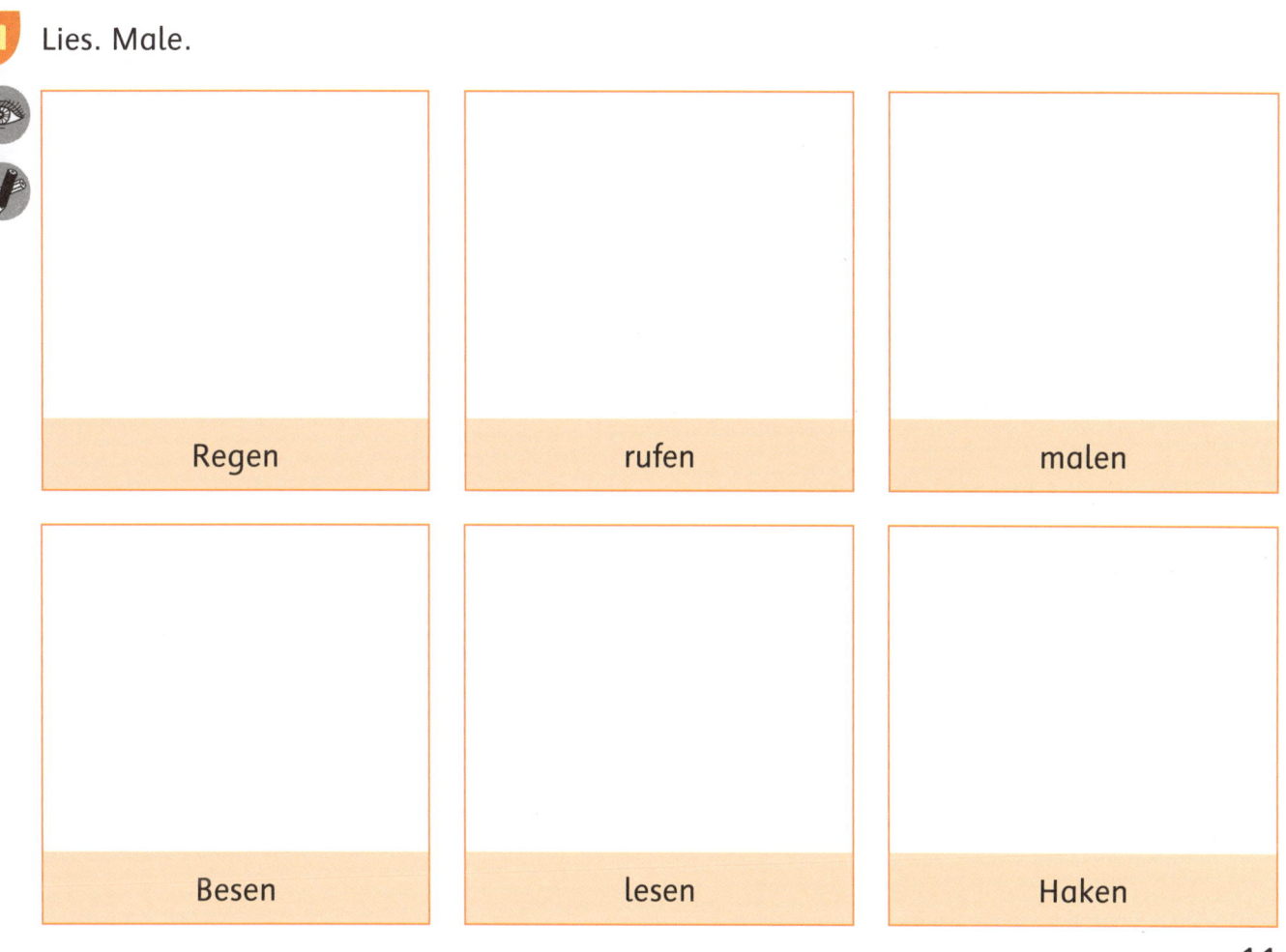

1 Lies. Male.

Regen	rufen	malen
Besen	lesen	Haken

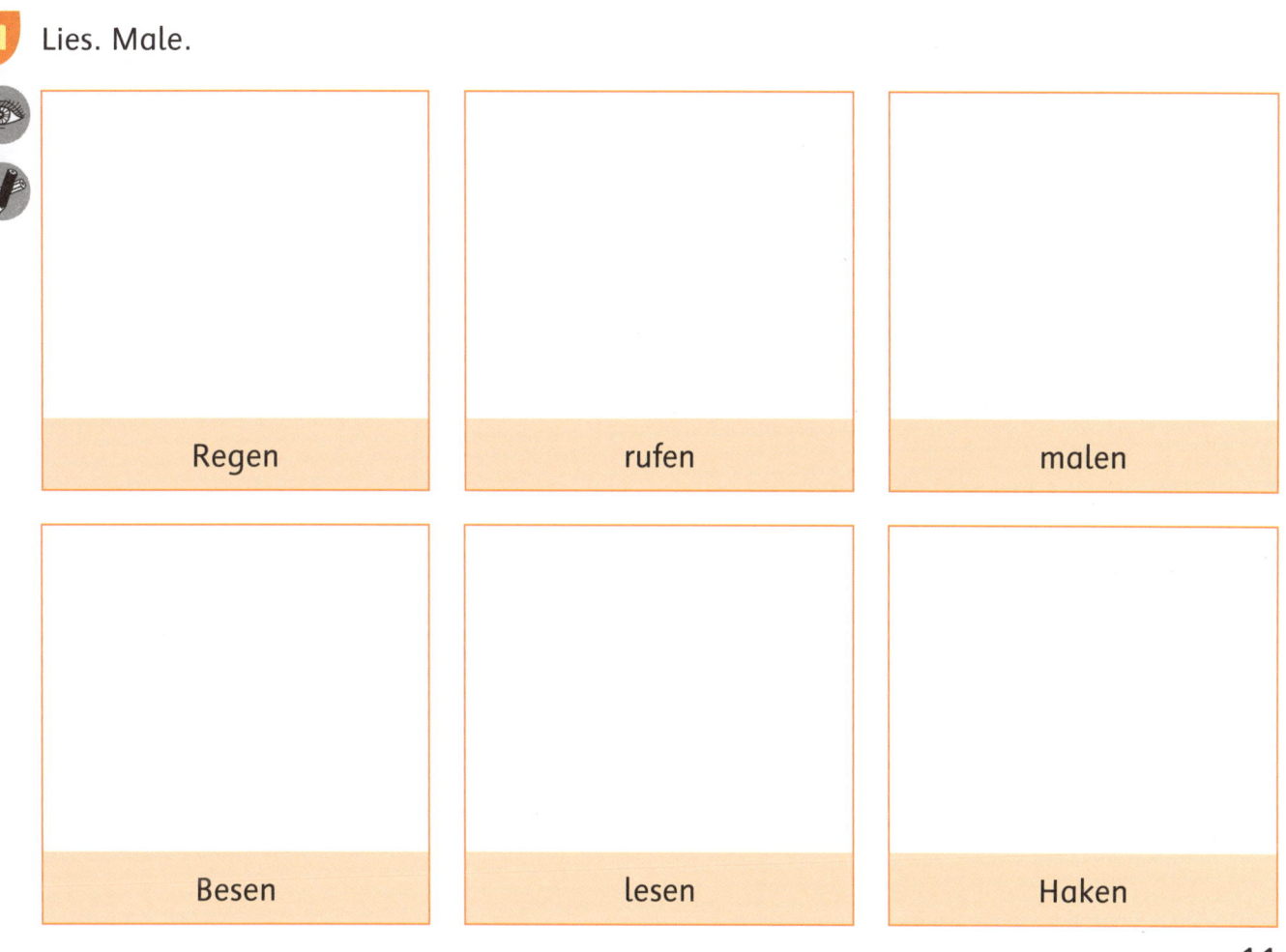

1 Finde die Wörter. Schreibe die Wörter auf.

Du kannst die Wörter im Rätsel auch einkreisen oder farbig markieren.

Y	E	U	Y	L	E	S	E	N	H	C
V	C	K	K	P	K	H	A	K	E	N
V	M	A	L	E	N	A	X	X	T	M
U	Z	X	D	R	U	F	E	N	B	Q
X	E	T	V	R	R	E	G	E	N	T
B	Y	G	B	E	S	E	N	Y	O	U

1 Lies die Wörter. Schreibe die Wörter ab.

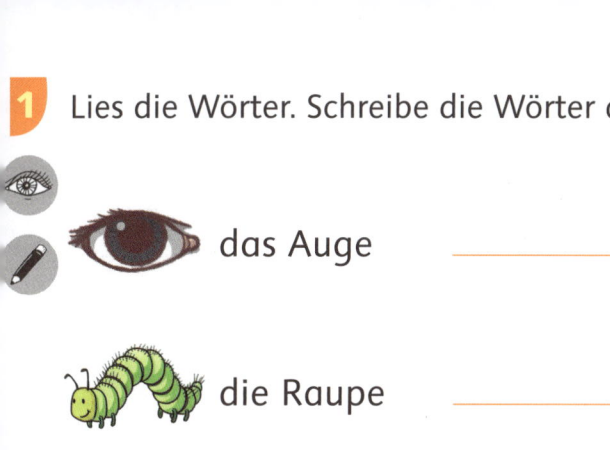

das Auge _____

die Raupe _____

der Daumen _____

 bauen _____

 laufen _____

 kaufen _____

1 Verbinde mit dem passenden Bild.

Daumen		Raupe

laufen		bauen

kaufen	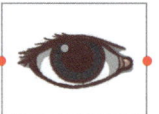	Auge

14

 **Verbinde.**

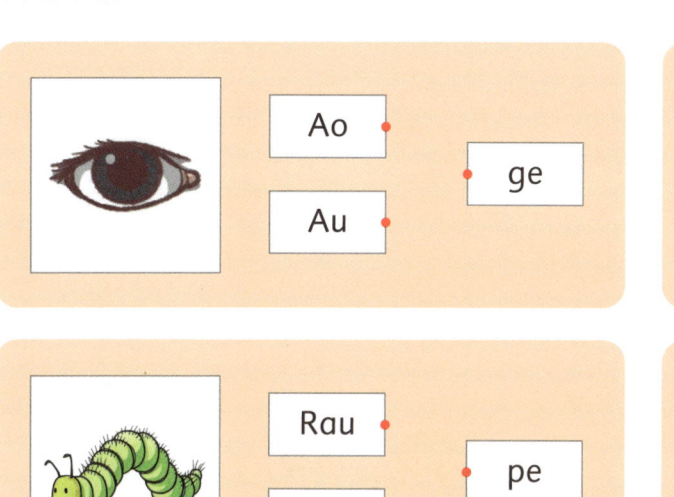

Ao

Au

ge

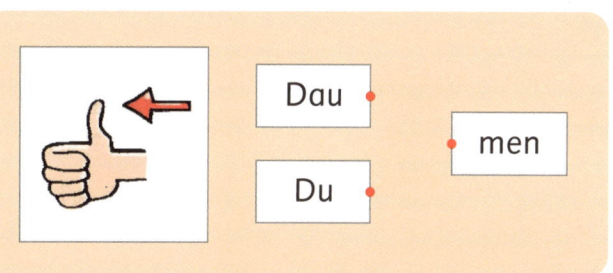

Dau

Du

men

Rau

Rei

pe

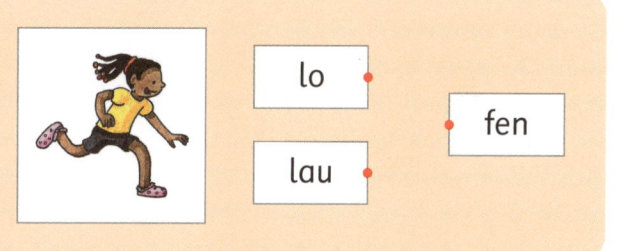

lo

lau

fen

kou

kau

fen

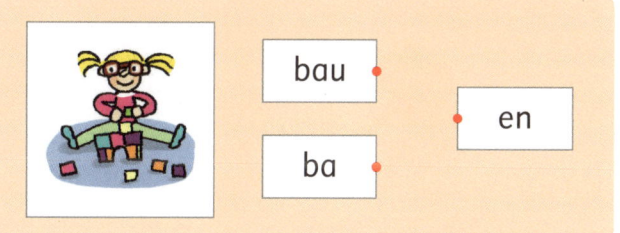

bau

ba

en

1 Kreise die passende Silbe ein. Schreibe das Wort fertig.

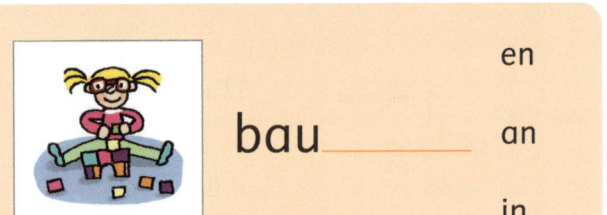

bau_____   en / an / in

Dau_____   min / men / mon

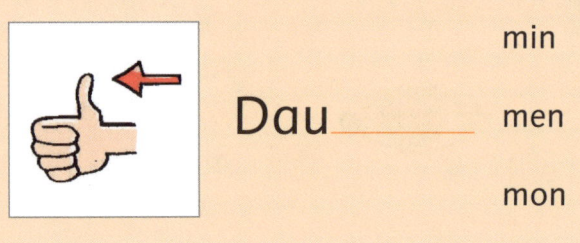

kau_____   fon / fen / fan

Rau_____   pa / po / pe

lau_____   fin / fan / fen

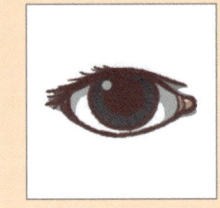

Au_____   ge / gu / go

1 Lies. Male.

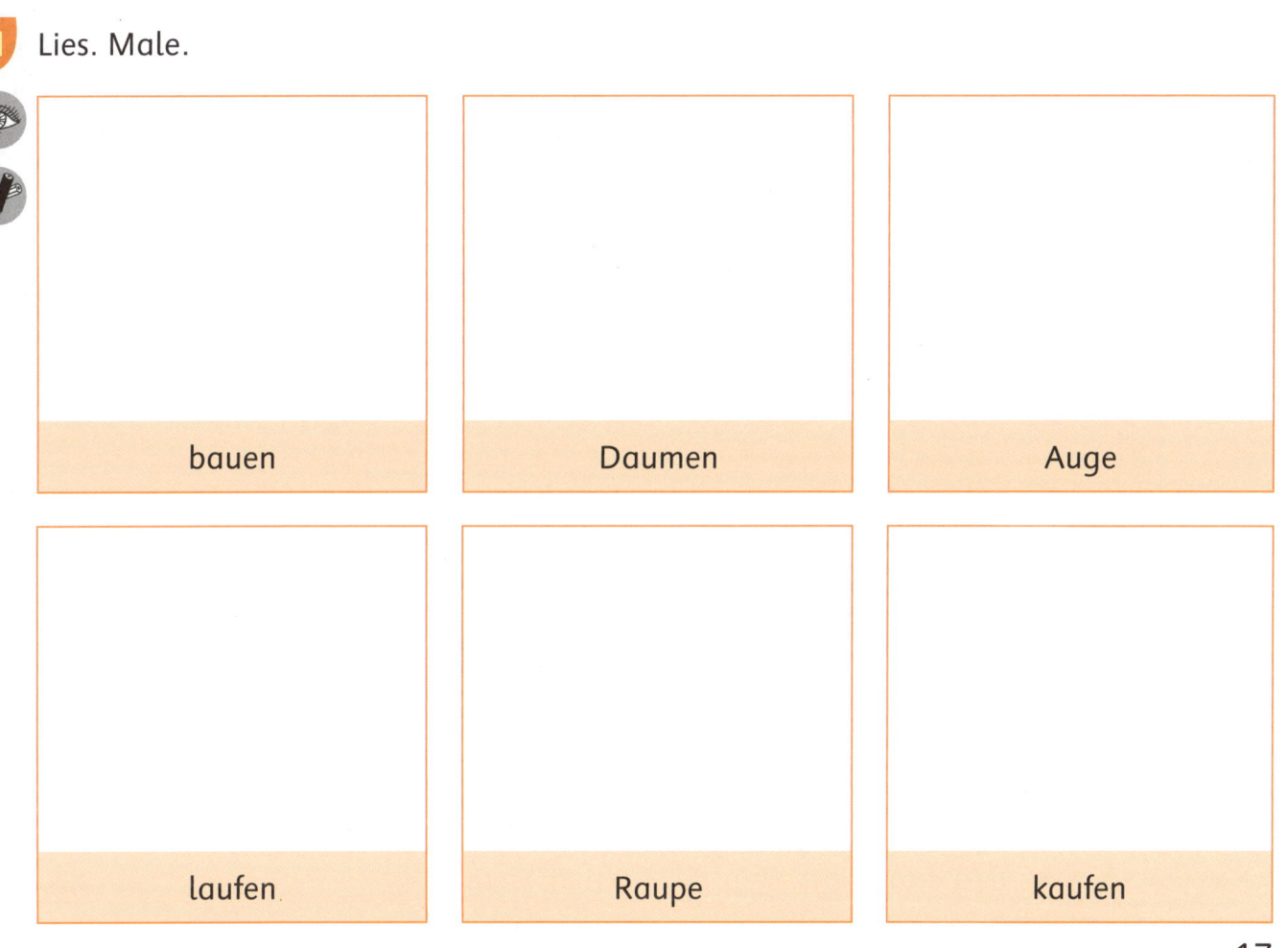

bauen	Daumen	Auge
laufen	Raupe	kaufen

17

1 Finde die Wörter. Schreibe die Wörter auf.

Du kannst die Wörter im Rätsel auch einkreisen oder farbig markieren.

K	J	G	I	H	B	A	U	E	N	L
P	E	R	K	W	K	A	U	F	E	N
Y	R	A	U	P	E	J	Y	Q	H	J
P	L	P	N	L	A	U	F	E	N	B
G	N	A	U	G	E	J	G	C	F	L
P	A	X	D	A	U	M	E	N	Q	U

1 Verbinde mit dem passenden Bild.

Klasse

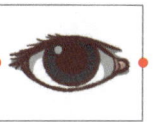

Auge

lesen

malen

Raupe

Affe

19

Verbinde.

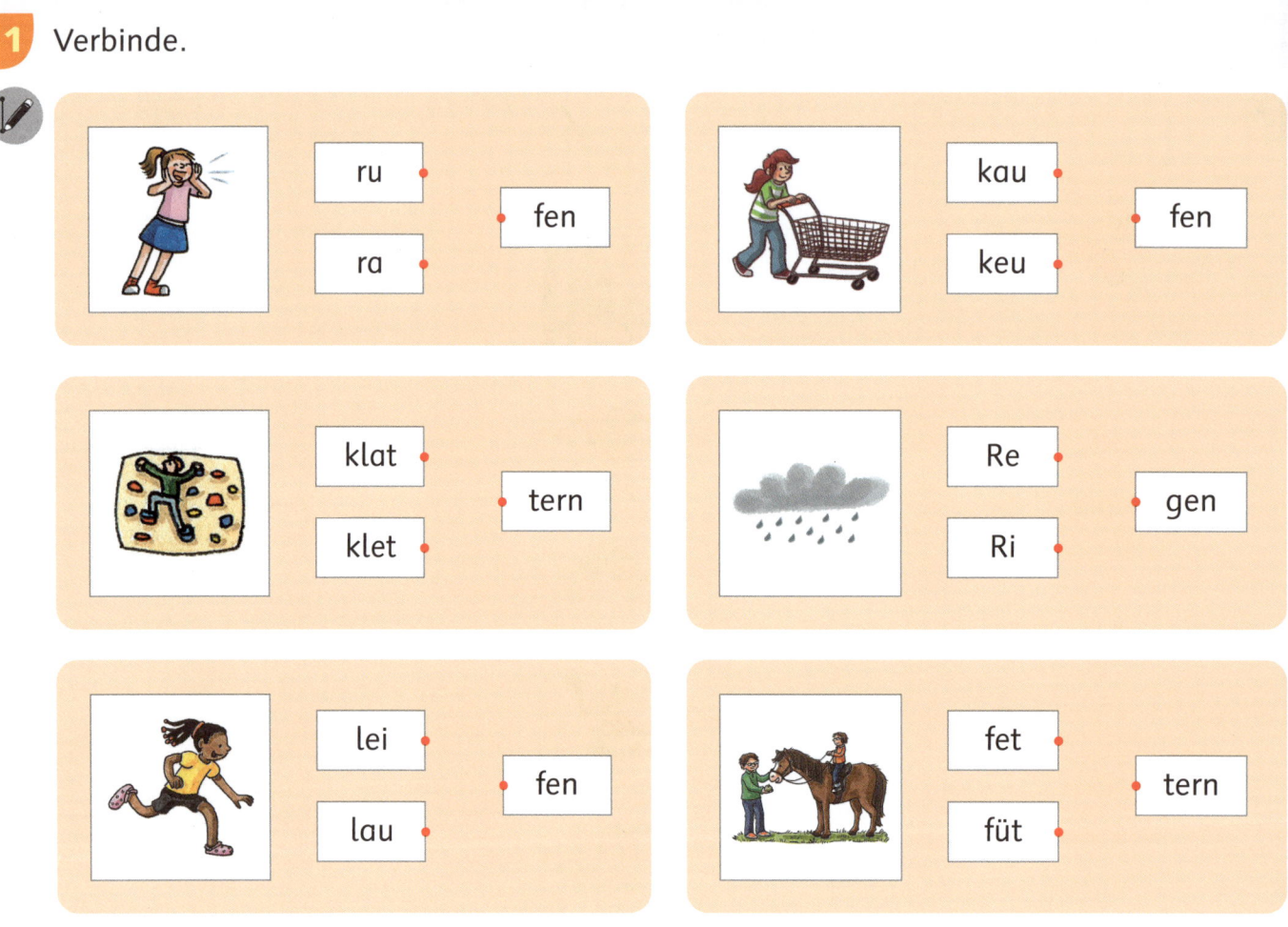

ru •
ra •
• fen

kau •
keu •
• fen

klat •
klet •
• tern

Re •
Ri •
• gen

lei •
lau •
• fen

fet •
füt •
• tern

Das kann ich schon!

1 Kreise die passende Silbe ein. Schreibe das Wort fertig.

 Hum_____
- mel
- mol
- mil

 Be_____
- sin
- sen
- son

 Dau_____
- min
- mon
- men

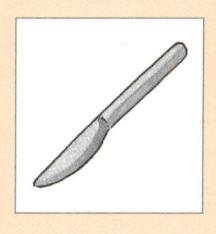 Mes_____
- sir
- sar
- ser

 bau_____
- an
- en
- in

 Ha_____
- kin
- ken
- kan

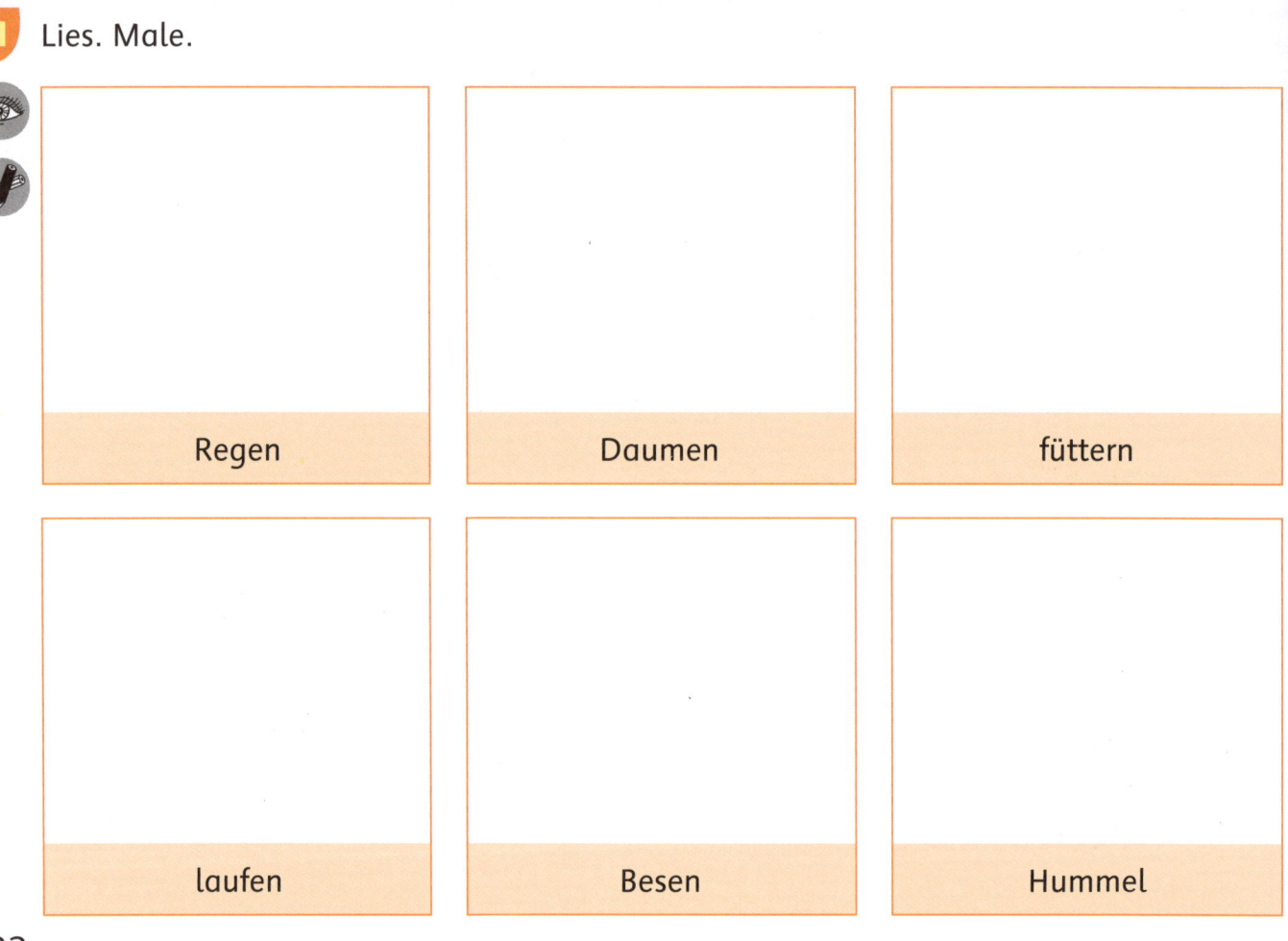

Das kann ich schon!

Regen

Daumen

füttern

laufen

Besen

Hummel

In diesem Heft lernst du Wörter und ihre Bedeutung kennen.
Du übst die Wörter zu schreiben und zu lesen.

1 Lies die Wörter. Schreibe die Wörter ab.

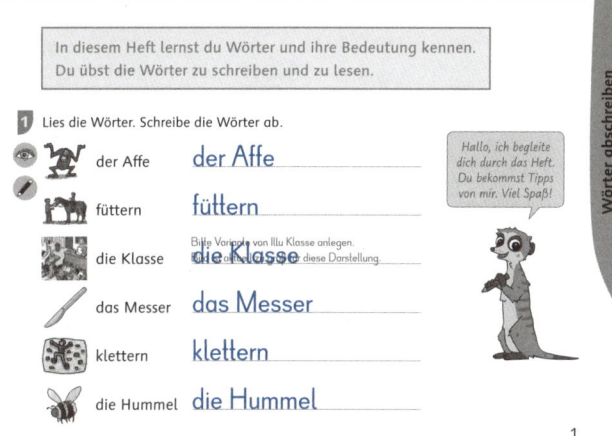

der Affe — der Affe

füttern — füttern

die Klasse — die Klasse

das Messer — das Messer

klettern — klettern

die Hummel — die Hummel

Hallo, ich begleite dich durch das Heft. Du bekommst Tipps von mir. Viel Spaß!

1

1 Verbinde mit dem passenden Bild.

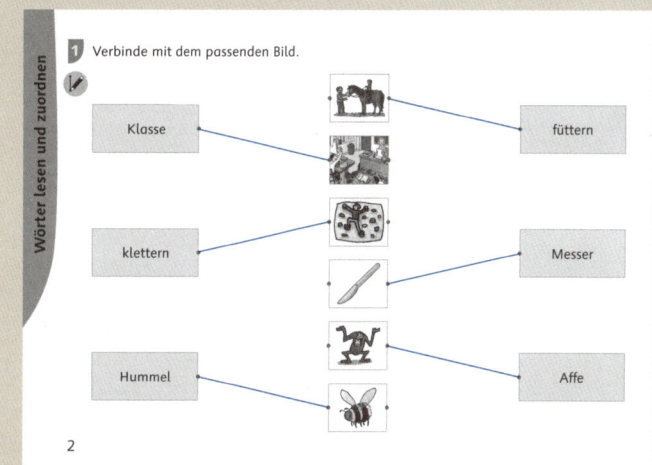

Klasse — füttern

klettern — Messer

Hummel — Affe

2

1 Verbinde.

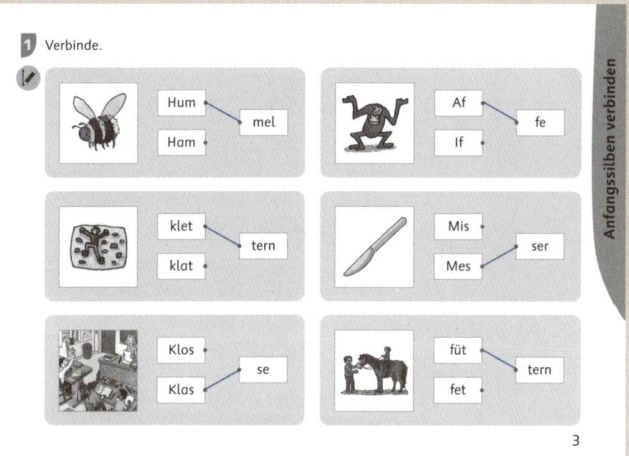

Hum / Ham — mel

klet / klat — tern

Klos / Klas — se

Af / If — fe

Mis / Mes — ser

füt / fet — tern

3

1 Kreise die passende Silbe ein. Schreibe das Wort fertig.

Hummel — mel / mol / mil

klettern — tirn / tern / tarn

Klasse — si / se / so

Affe — fi / fe / fo

Messer — sir / sar / ser

füttern — tirn / tern / tarn

4

23

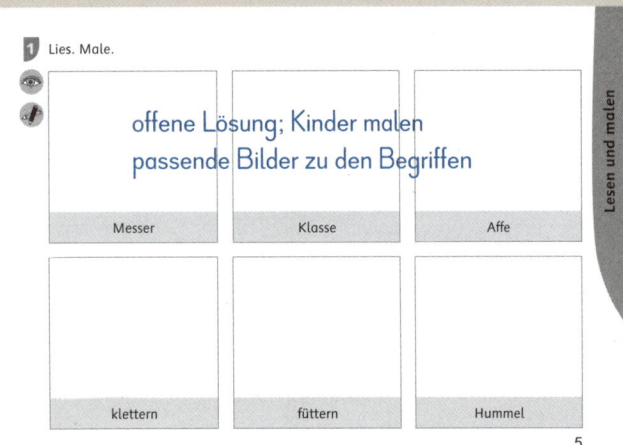

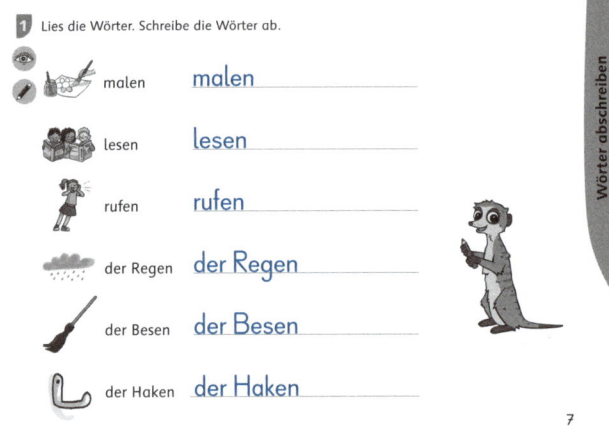

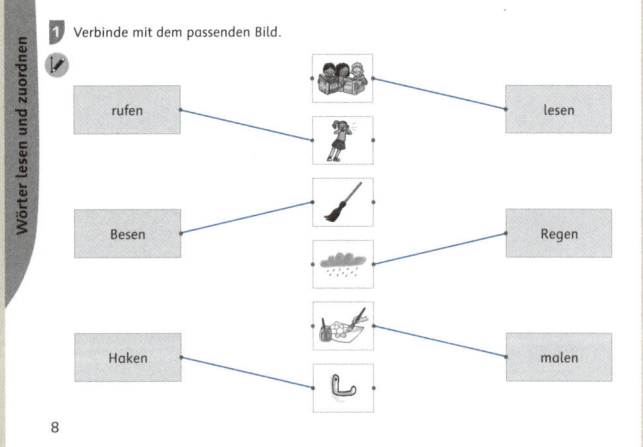

Seite 5

1 Lies. Male.

offene Lösung; Kinder malen passende Bilder zu den Begriffen

Messer | Klasse | Affe

klettern | füttern | Hummel

Lesen und malen

Seite 6

1 Finde die Wörter. Schreibe die Wörter auf.

Du kannst die Wörter im Rätsel auch einkreisen oder farbig markieren.

Y	E	A	F	F	E	U	Y	H	C	R
I	W	K	P	V	H	U	M	M	E	L
A	X	K	L	E	T	T	E	R	N	X
T	M	M	E	S	S	E	R	G	Y	O
K	L	A	S	S	E	B	B	Q	X	E
T	F	Ü	T	T	E	R	N	V	R	T

Affe
Hummel
klettern
Messer
Klasse
füttern

Wörter finden und schreiben

Seite 7

1 Lies die Wörter. Schreibe die Wörter ab.

malen — malen
lesen — lesen
rufen — rufen
der Regen — der Regen
der Besen — der Besen
der Haken — der Haken

Wörter abschreiben

Seite 8

1 Verbinde mit dem passenden Bild.

rufen
Besen
Haken

lesen
Regen
malen

Wörter lesen und zuordnen

1 Verbinde.

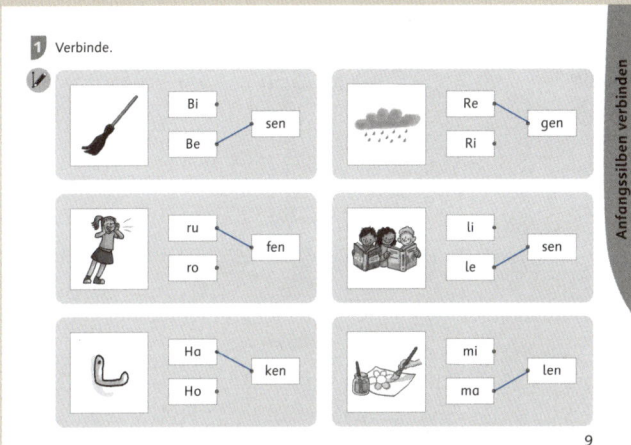

Bi
Be ——— sen

Re
Ri ——— gen

ru
ro ——— fen

li
le ——— sen

Ha
Ho ——— ken

mi
ma ——— len

9

---

1 Kreise die passende Silbe ein. Schreibe das Wort fertig.

Ha**ken** (ken) kan kin

Re**gen** gin (gen) gon

Be**sen** sin (sen) san

ma**len** lin lan (len)

ru**fen** fin fan (fen)

le**sen** (sen) san sun

10

---

1 Lies. Male.

offene Lösung; Kinder malen
passende Bilder zu den Begriffen

Regen | rufen | malen

Besen | lesen | Haken

11

---

1 Finde die Wörter. Schreibe die Wörter auf.

Du kannst
die Wörter im Rätsel
auch einkreisen oder
farbig markieren.

```
Y E U Y L E S E N H C
V C K K P K H A K E N
V M A L E N A X X T M
U Z X D R U F E N B Q
X E T V R R E G E N T
B Y G B E S E N Y O U
```

lesen
Haken
malen
rufen
Regen
Besen

12

25

1 Lies die Wörter. Schreibe die Wörter ab.

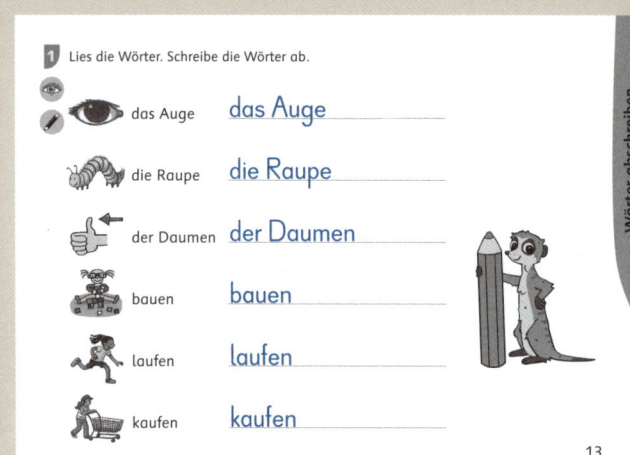

	das Auge	das Auge
	die Raupe	die Raupe
	der Daumen	der Daumen
	bauen	bauen
	laufen	laufen
	kaufen	kaufen

13

1 Verbinde mit dem passenden Bild.

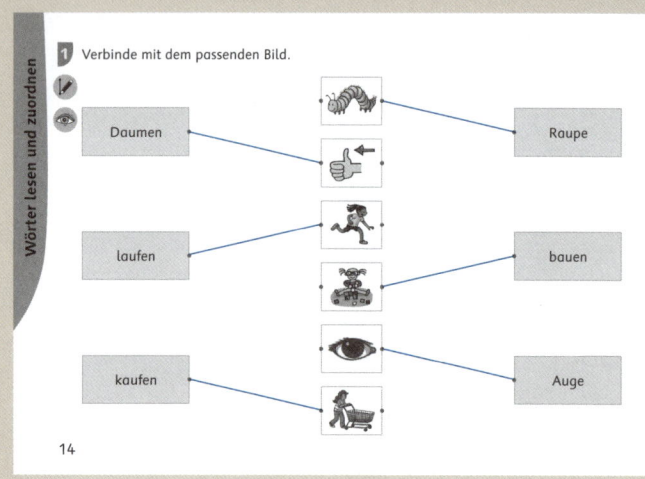

14

1 Verbinde.

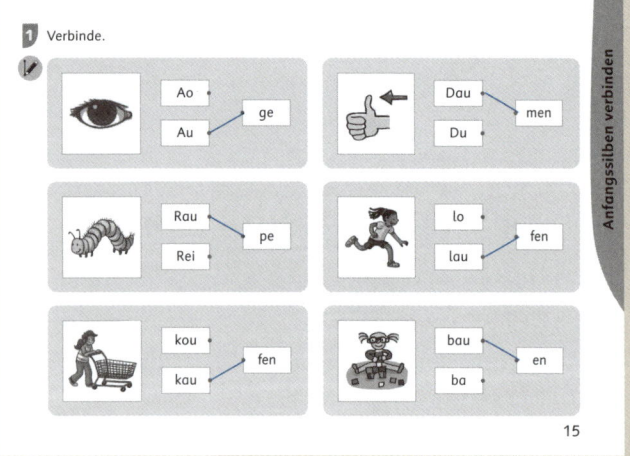

15

1 Kreise die passende Silbe ein. Schreibe das Wort fertig.

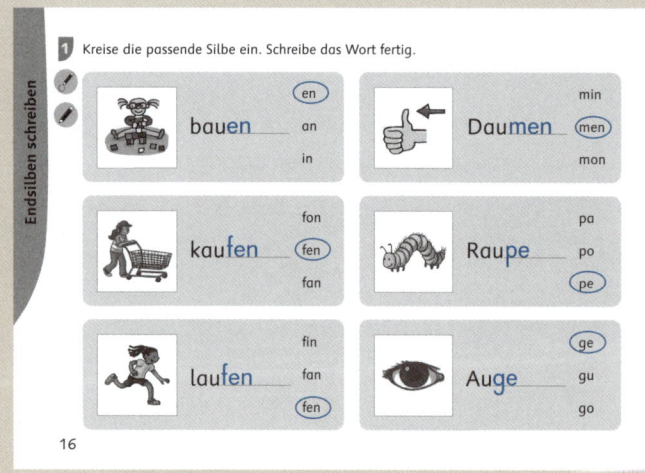

16

26

1 Lies. Male.

offene Lösung; Kinder malen
passende Bilder zu den Begriffen

| bauen | Daumen | Auge |
| laufen | Raupe | kaufen |

17

---

1 Finde die Wörter. Schreibe die Wörter auf.

Du kannst die Wörter im Rätsel auch einkreisen oder farbig markieren.

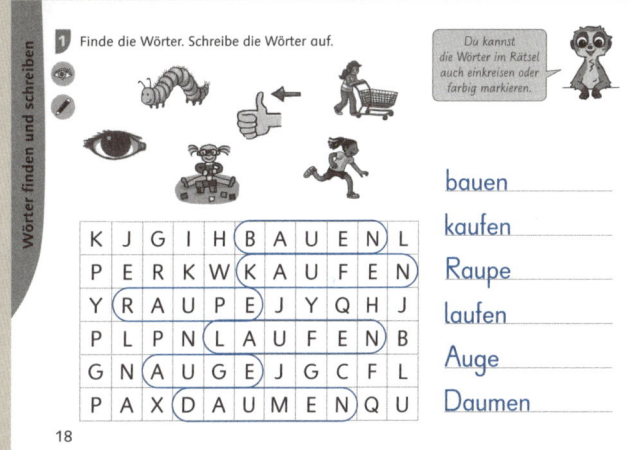

K	J	G	I	H	B	A	U	E	N	L
P	E	R	K	W	K	A	U	F	E	N
Y	R	A	U	P	E	J	Y	Q	H	J
P	L	P	N	L	A	U	F	E	N	B
G	N	A	U	G	E	J	G	C	F	L
P	A	X	D	A	U	M	E	N	Q	U

bauen

kaufen

Raupe

laufen

Auge

Daumen

18

---

1 Verbinde mit dem passenden Bild.

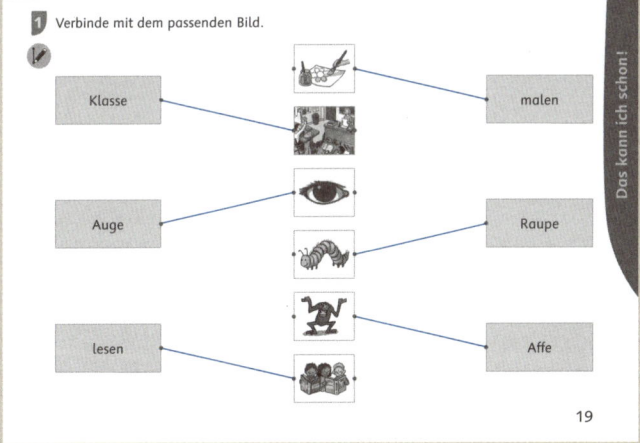

Klasse

Auge

lesen

malen

Raupe

Affe

19

---

1 Verbinde.

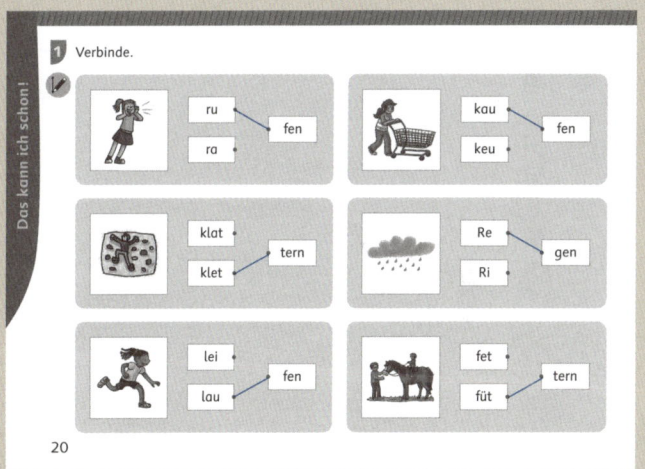

ru / ra	fen
kau / keu	fen
klat / klet	tern
Re / Ri	gen
lei / lau	fen
fet / füt	tern

20

27

1 Kreise die passende Silbe ein. Schreibe das Wort fertig.

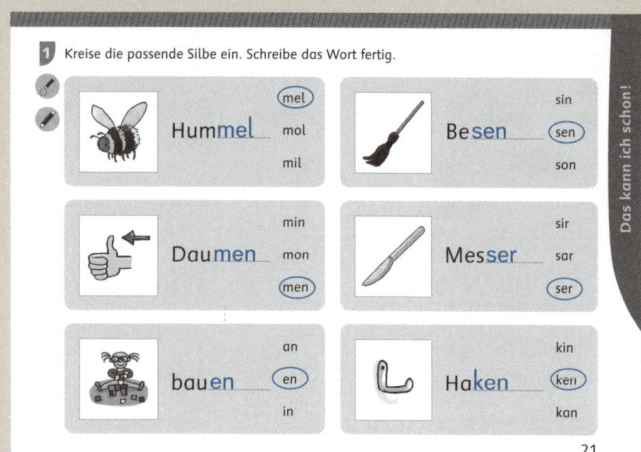

Hum**mel**   (mel) mol mil

Be**sen**   sin (sen) son

Dau**men**   min mon (men)

Mes**ser**   sir sar (ser)

bau**en**   an (en) in

Ha**ken**   kin (ken) kan

21

1 Lies. Male.

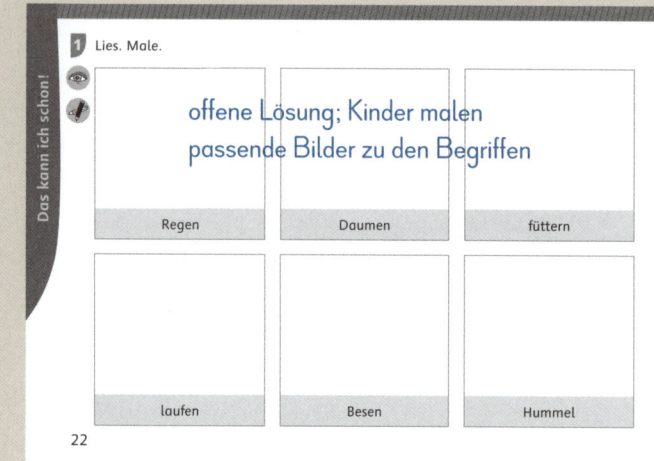

offene Lösung; Kinder malen passende Bilder zu den Begriffen

Regen | Daumen | füttern

laufen | Besen | Hummel

22

1 Lies die Wörter. Schreibe die Wörter ab.

der Junge — der Junge

die Schlange — die Schlange

die Zunge — die Zunge

bringen — bringen

die Zange — die Zange

singen — singen

34

1 Verbinde mit dem passenden Bild.

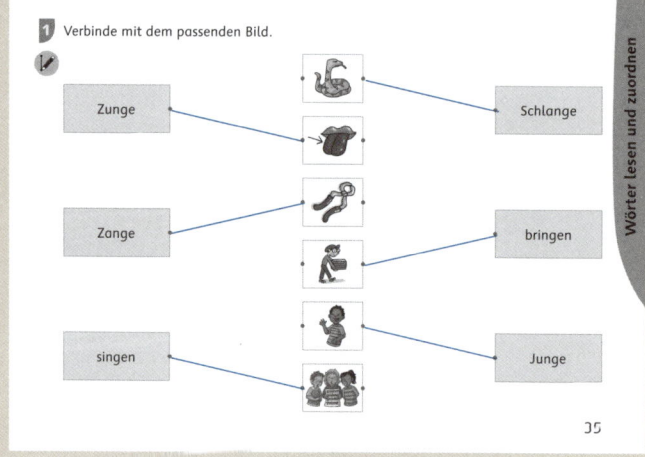

Zunge

Zange

singen

Schlange

bringen

Junge

35

28

1 Verbinde.

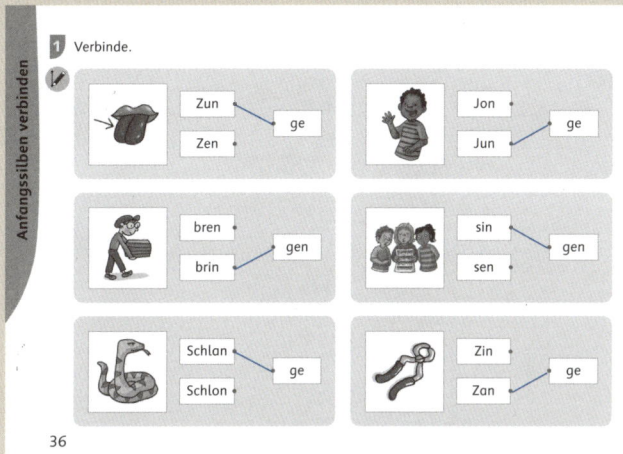

1 Kreise die passende Silbe ein. Schreibe das Wort fertig.

36

37

1 Lies. Male.

offene Lösung; Kinder malen passende Bilder zu den Begriffen

| bringen | Zunge | Junge |
| Zange | Schlange | singen |

1 Finde die Wörter. Schreibe die Wörter auf.

Du kannst die Wörter im Rätsel auch einkreisen oder farbig markieren.

Zange
Schlange
Junge
bringen
Zunge
singen

38

39

29

1 Lies die Wörter. Schreibe die Wörter ab.

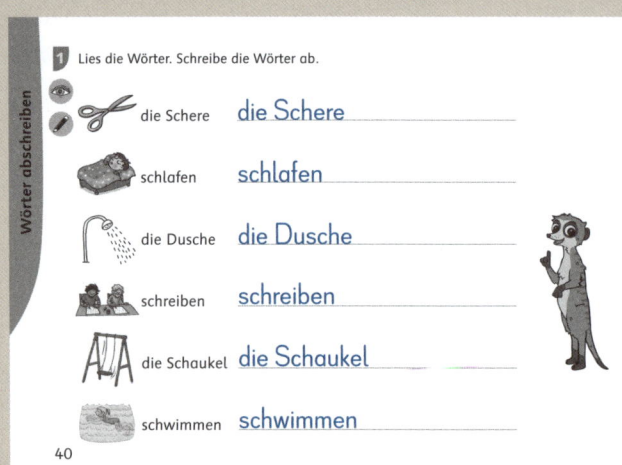

die Schere — die Schere

schlafen — schlafen

die Dusche — die Dusche

schreiben — schreiben

die Schaukel — die Schaukel

schwimmen — schwimmen

40

1 Verbinde mit dem passenden Bild.

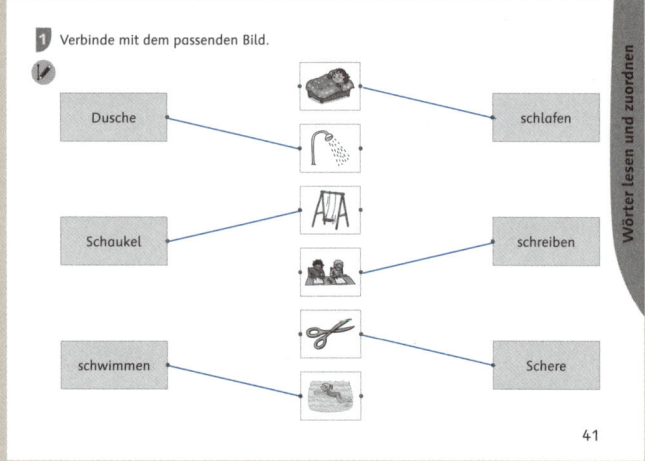

Dusche — schlafen

Schaukel — schreiben

schwimmen — Schere

41

1 Verbinde.

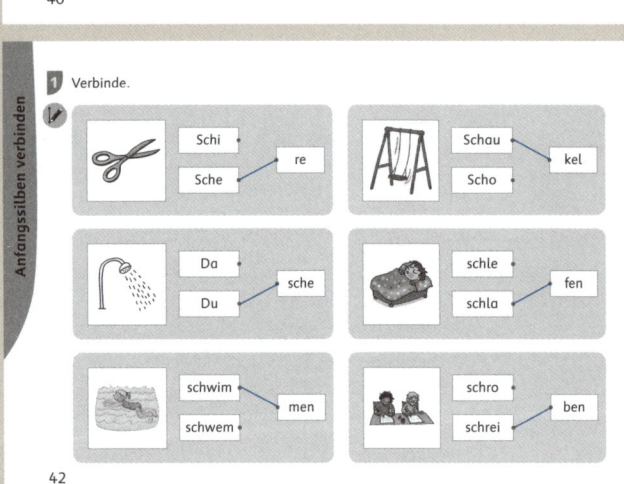

Schi / Sche — re

Schau / Scho — kel

Da / Du — sche

schle / schla — fen

schwim / schwem — men

schro / schrei — ben

42

1 Kreise die passende Silbe ein. Schreibe das Wort fertig.

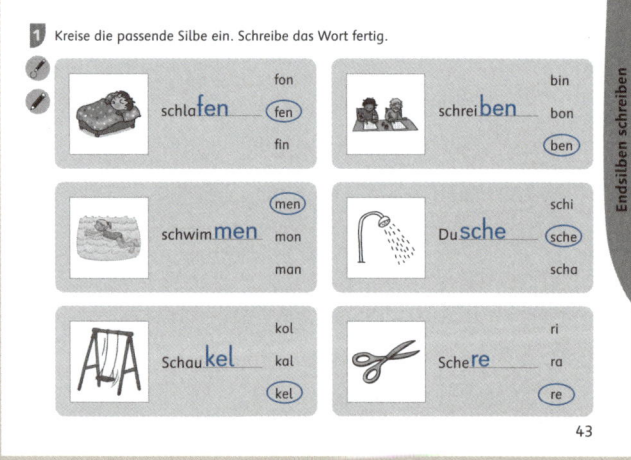

schlafen — fon / (fen) / fin

schreiben — bin / bon / (ben)

schwimmen — (men) / mon / man

Dusche — schi / (sche) / scha

Schaukel — kol / kal / (kel)

Schere — ri / ra / (re)

43

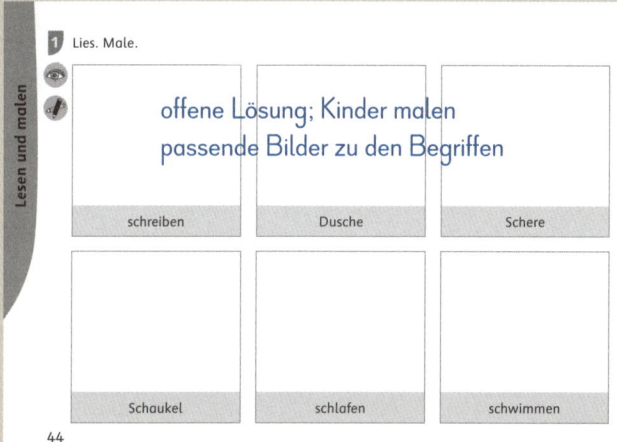

1 Lies. Male.

offene Lösung; Kinder malen
passende Bilder zu den Begriffen

schreiben | Dusche | Schere

Schaukel | schlafen | schwimmen

44

1 Finde die Wörter. Schreibe die Wörter auf.

Du kannst die Wörter im Rätsel auch einkreisen oder farbig markieren.

F	Q	S	C	H	W	I	M	M	E	N
W	S	C	H	L	A	F	E	N	P	S
G	E	S	D	U	S	C	H	E	X	Y
Y	Z	J	J	S	C	H	E	R	E	G
J	S	C	H	R	E	I	B	E	N	Q
S	C	H	A	U	K	E	L	Z	Z	D

schwimmen
schlafen
Dusche
Schere
schreiben
Schaukel

45

1 Lies die Wörter. Schreibe die Wörter ab.

der Kuchen der Kuchen

kochen kochen

der Knochen der Knochen

lachen lachen

der Drachen der Drachen

rechnen rechnen

46

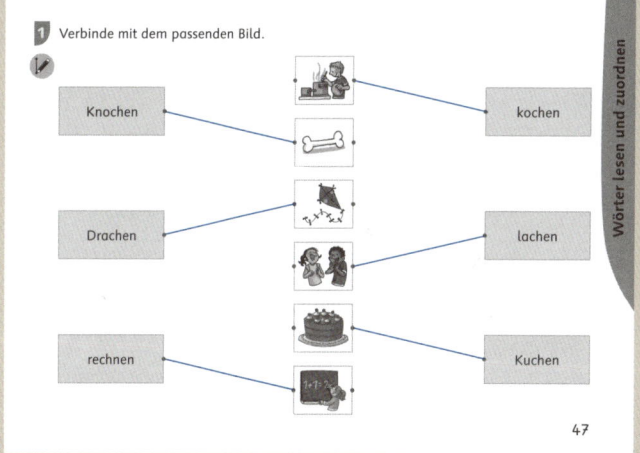

1 Verbinde mit dem passenden Bild.

Knochen

Drachen

rechnen

kochen

lachen

Kuchen

47

31

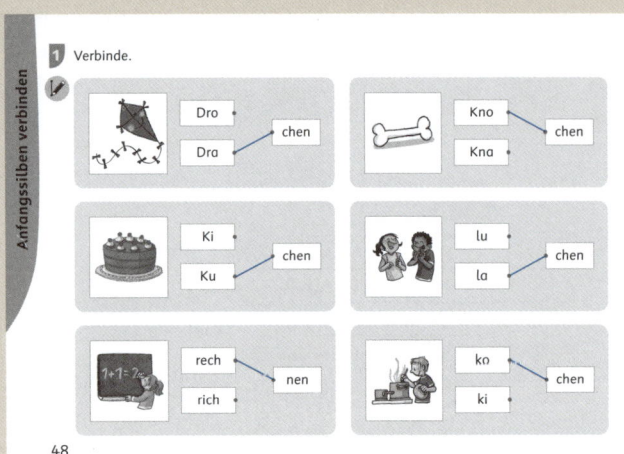

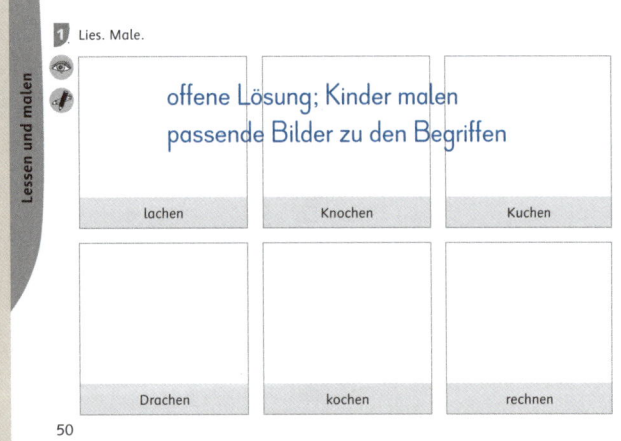

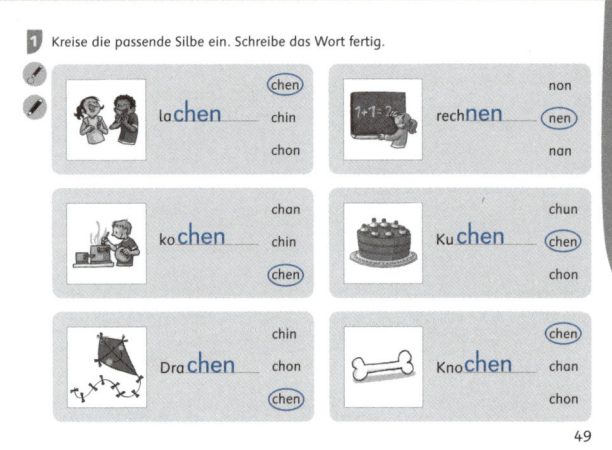

1 Verbinde.

Dro
Dra — chen

Kno
Kna — chen

Ki
Ku — chen

lu
la — chen

rech
rich — nen

ko
ki — chen

48

1 Kreise die passende Silbe ein. Schreibe das Wort fertig.

la**chen** (chen) / chin / chon

rech**nen** non / (nen) / nan

ko**chen** chan / chin / (chen)

Ku**chen** chun / (chen) / chon

Dra**chen** chin / chon / (chen)

Kno**chen** (chen) / chan / chon

49

1 Lies. Male.

offene Lösung; Kinder malen
passende Bilder zu den Begriffen

| lachen | Knochen | Kuchen |

| Drachen | kochen | rechnen |

50

1 Finde die Wörter. Schreibe die Wörter auf.

Du kannst
die Wörter im Rätsel
auch einkreisen oder
farbig markieren.

Y	K	N	O	C	H	E	N	H	Z	X
O	Z	Z	D	R	A	C	H	E	N	K
S	C	H	R	E	I	B	E	N	C	J
R	L	K	O	C	H	E	N	H	A	Q
G	Q	X	C	K	U	C	H	E	N	A
O	M	E	R	E	C	H	N	E	N	Z

Knochen

Drachen

schreiben

kochen

Kuchen

rechnen

51

32

Panel 1 (page 52)

Viel Spaß!

Lies von oben nach unten.

1 Lies das Wort. Trage den Buchstaben ein.

D Drachen
U Junge
L lachen
I schwimmen
E singen
S schlafen
T Knochen
S Hummel
U malen
P Raupe
E Schlange
R rechnen
G Messer
U schreiben
T kochen

52

Panel 2 (page 53)

1 Verbinde mit dem passenden Bild.

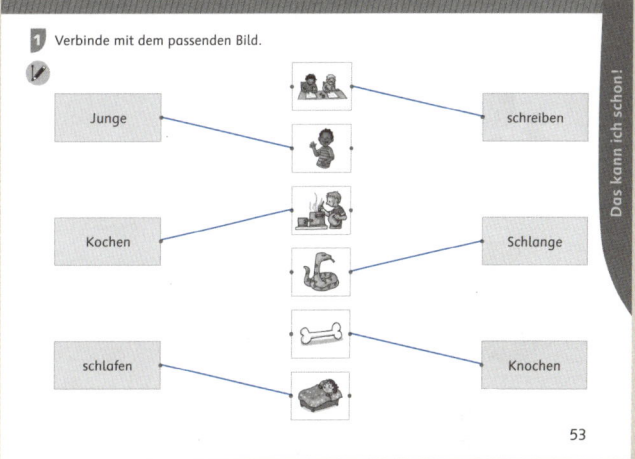

Junge — schreiben

Kochen — Schlange

schlafen — Knochen

53

Panel 3 (page 54)

1 Verbinde.

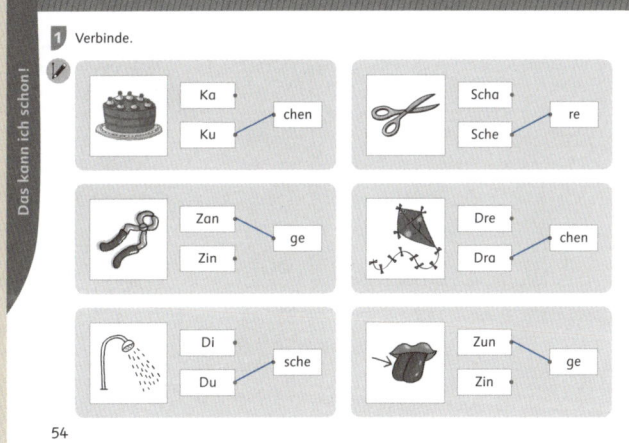

Ka / Ku — chen

Scha / Sche — re

Zan / Zin — ge

Dre / Dra — chen

Di / Du — sche

Zun / Zin — ge

54

Panel 4 (page 55)

1 Kreise die passende Silbe ein. Schreibe das Wort fertig.

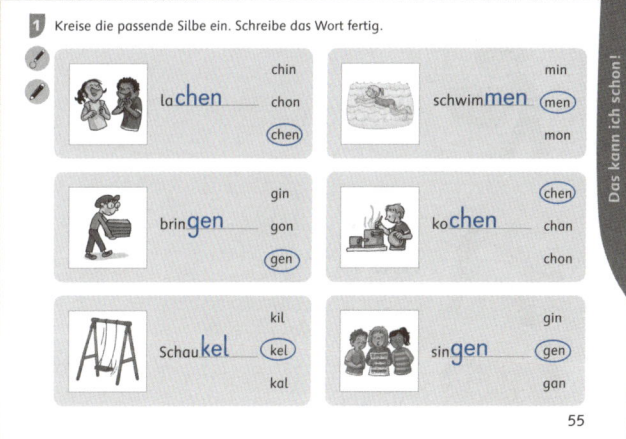

la**chen** — chin / chon / (chen)

schwim**men** — min / (men) / mon

brin**gen** — gin / gon / (gen)

ko**chen** — (chen) / chan / chon

Schau**kel** — kil / (kel) / kal

sin**gen** — gin / (gen) / gan

55

33

1 Lies die Wörter. Schreibe die Wörter ab.

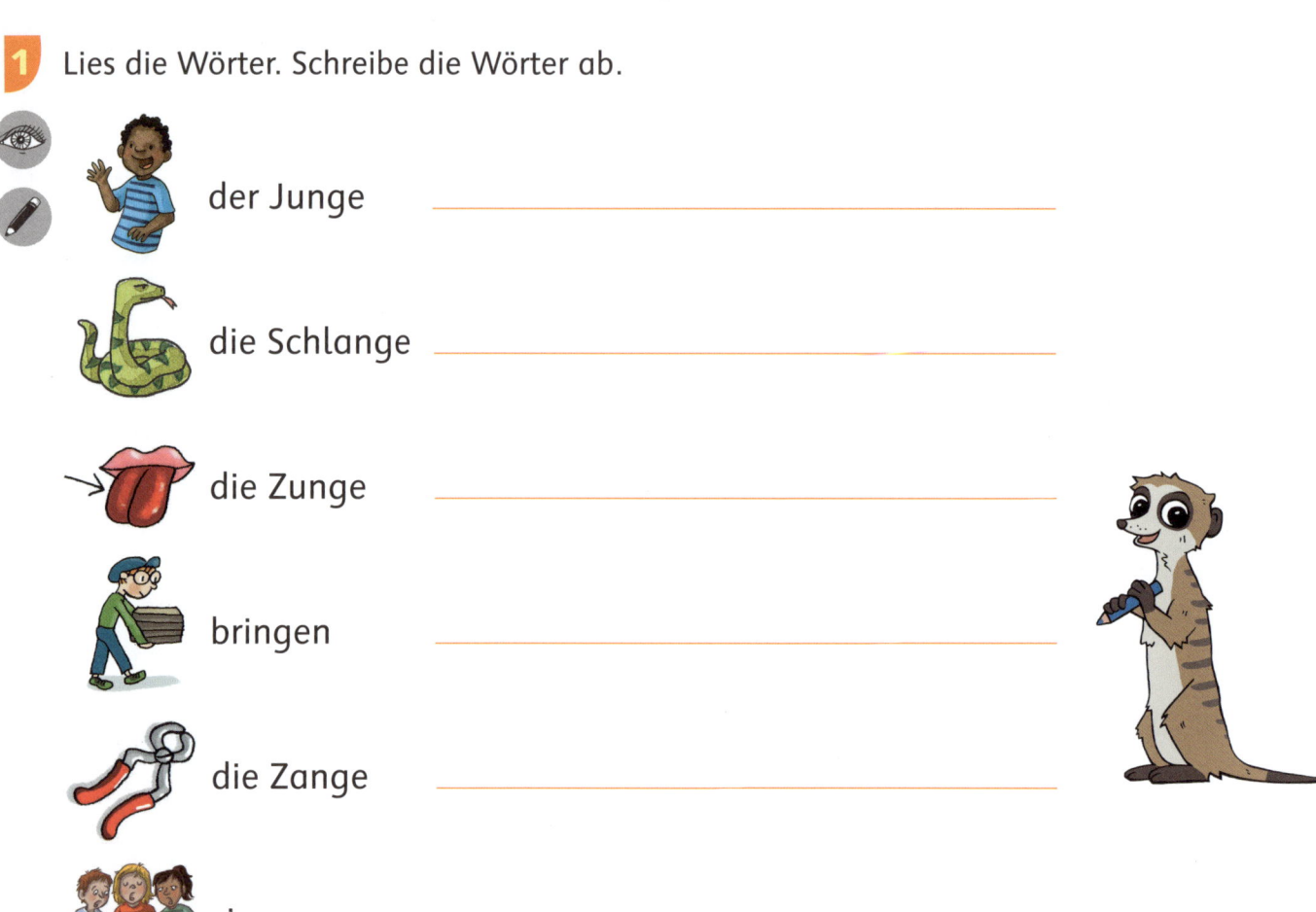

der Junge _____

die Schlange _____

die Zunge _____

bringen _____

die Zange _____

singen _____

1 Verbinde mit dem passenden Bild.

Zunge		Schlange

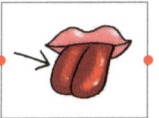

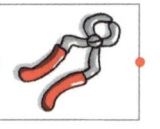

Zange		bringen

singen		Junge

1 Verbinde.

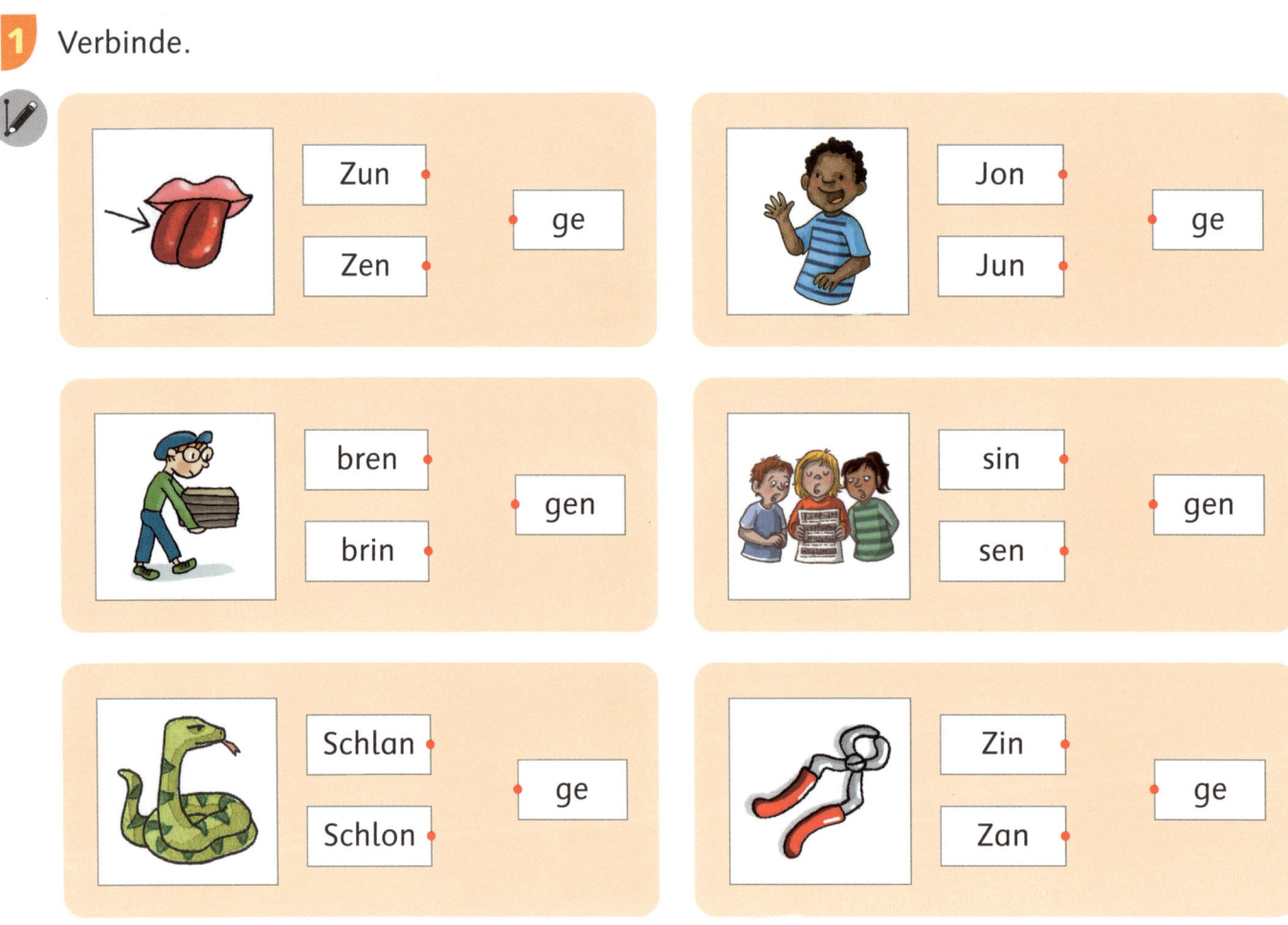

Zun

Zen

ge

Jon

Jun

ge

bren

brin

gen

sin

sen

gen

Schlan

Schlon

ge

Zin

Zan

ge

1 Kreise die passende Silbe ein. Schreibe das Wort fertig.

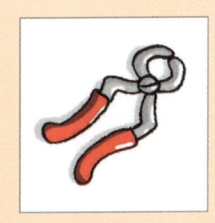
Zan_____
ge
ga
gi

Schlan_____
gi
ge
go

brin_____
gin
gen
gan

Jun_____
gi
ga
ge

sin_____
gin
gan
gen

Zun_____
ge
gi
ga

1 Lies. Male.

Lesen und malen

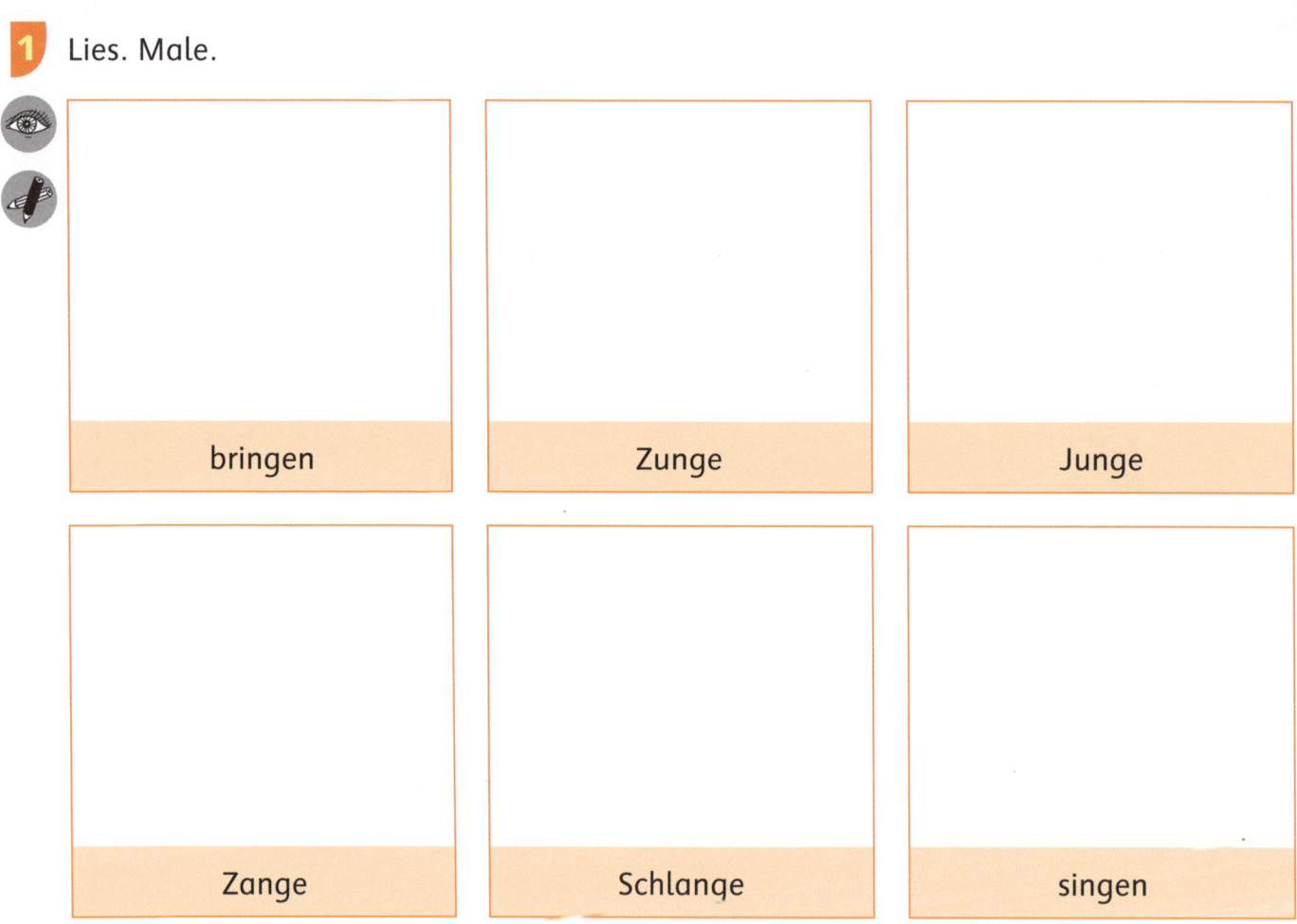

| bringen | Zunge | Junge |
| Zange | Schlange | singen |

1 Finde die Wörter. Schreibe die Wörter auf.

Du kannst die Wörter im Rätsel auch einkreisen oder farbig markieren.

Z	A	N	G	E	A	X	X	J	Y	P
W	Y	S	C	H	L	A	N	G	E	F
Y	H	Z	V	J	U	N	G	E	M	A
Q	X	B	F	B	R	I	N	G	E	N
V	C	U	Z	U	N	G	E	K	S	G
S	I	N	G	E	N	Y	Z	C	I	G

_____

_____

_____

_____

_____

_____

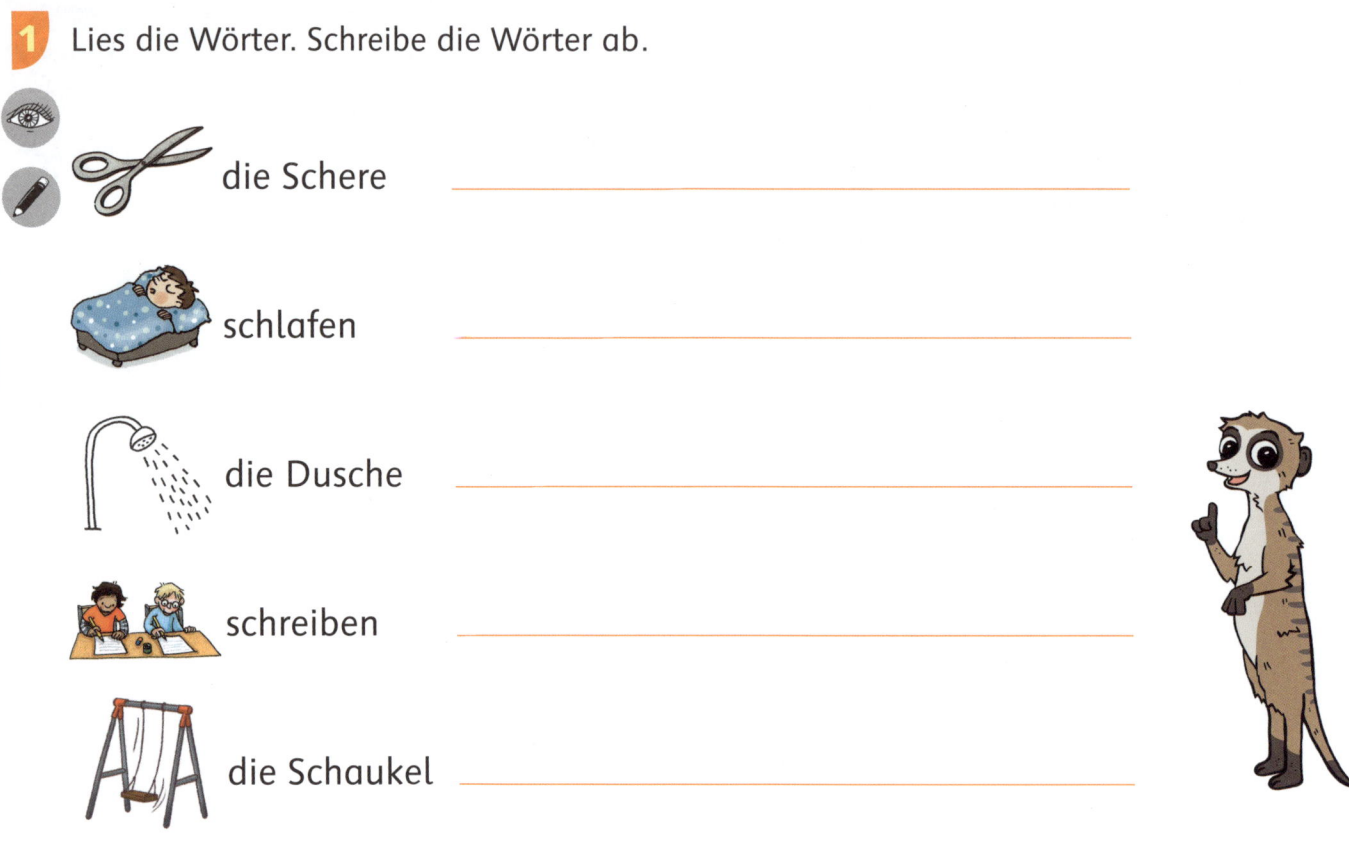

Wörter abschreiben

1 Lies die Wörter. Schreibe die Wörter ab.

die Schere _____

schlafen _____

die Dusche _____

schreiben _____

die Schaukel _____

schwimmen _____

40

1 Verbinde mit dem passenden Bild.

Dusche

Schaukel

schwimmen

schlafen

schreiben

Schere

41

1 Verbinde.

	Schi	
	Sche	re

	Schau	
	Scho	kel

	Da	
	Du	sche

	schle	
	schla	fen

	schwim	
	schwem	men

	schro	
	schrei	ben

1 Kreise die passende Silbe ein. Schreibe das Wort fertig.

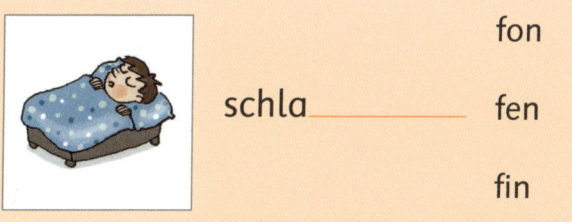

schla_____

fon

fen

fin

schrei_____

bin

bon

ben

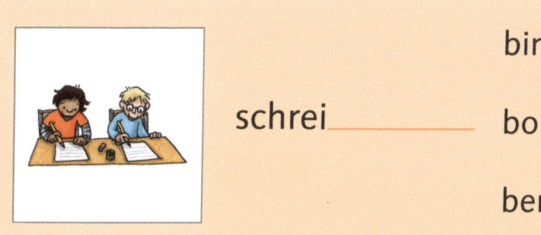

schwim_____

men

mon

man

Du_____

schi

sche

scha

Schau_____

kol

kal

kel

Sche_____

ri

ra

re

43

1 Lies. Male.

schreiben	Dusche	Schere
Schaukel	schlafen	schwimmen

44

1 Finde die Wörter. Schreibe die Wörter auf.

Du kannst die Wörter im Rätsel auch einkreisen oder farbig markieren.

F	Q	S	C	H	W	I	M	M	E	N
W	S	C	H	L	A	F	E	N	P	S
G	E	S	D	U	S	C	H	E	X	Y
Y	Z	J	J	S	C	H	E	R	E	G
J	S	C	H	R	E	I	B	E	N	Q
S	C	H	A	U	K	E	L	Z	Z	D

1 Lies die Wörter. Schreibe die Wörter ab.

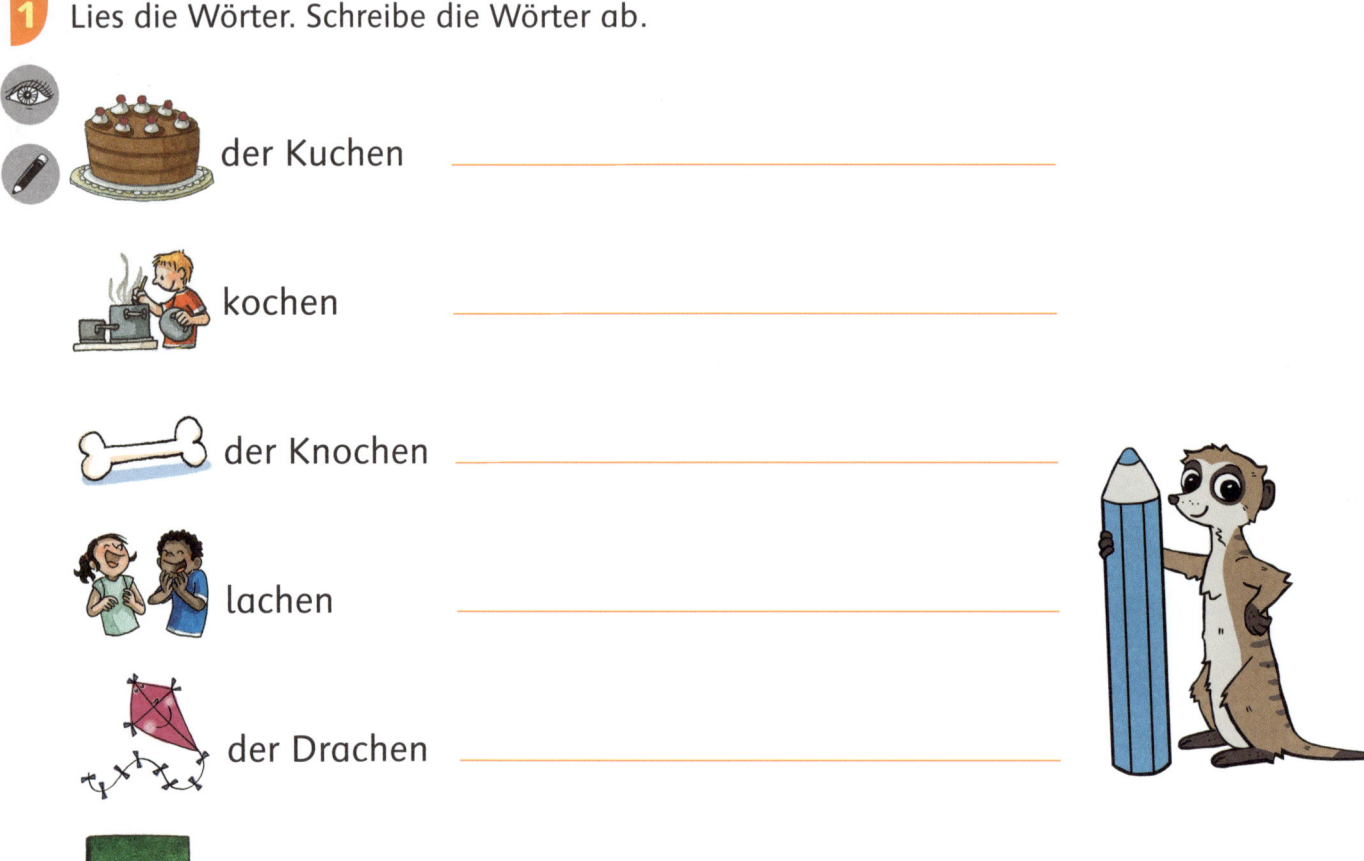

der Kuchen _____

kochen _____

der Knochen _____

lachen _____

der Drachen _____

rechnen _____

 **Verbinde mit dem passenden Bild.**

| Knochen | | kochen |

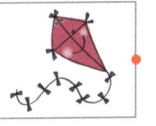

| Drachen | | lachen |

| rechnen | | Kuchen |

47

 Verbinde.

Dro

Dra

chen

Ki

Ku

chen

rech

rich

nen

Kno

Kna

chen

lu

la

chen

ko

ki

chen

1 Kreise die passende Silbe ein. Schreibe das Wort fertig.

 la_____

   chen
   chin
   chon

 rech_____

   non
   nen
   nan

 ko_____

   chan
   chin
   chen

 Ku_____

   chun
   chen
   chon

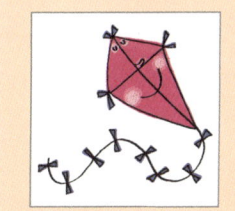 Dra_____

   chin
   chon
   chen

 Kno_____

   chen
   chan
   chon

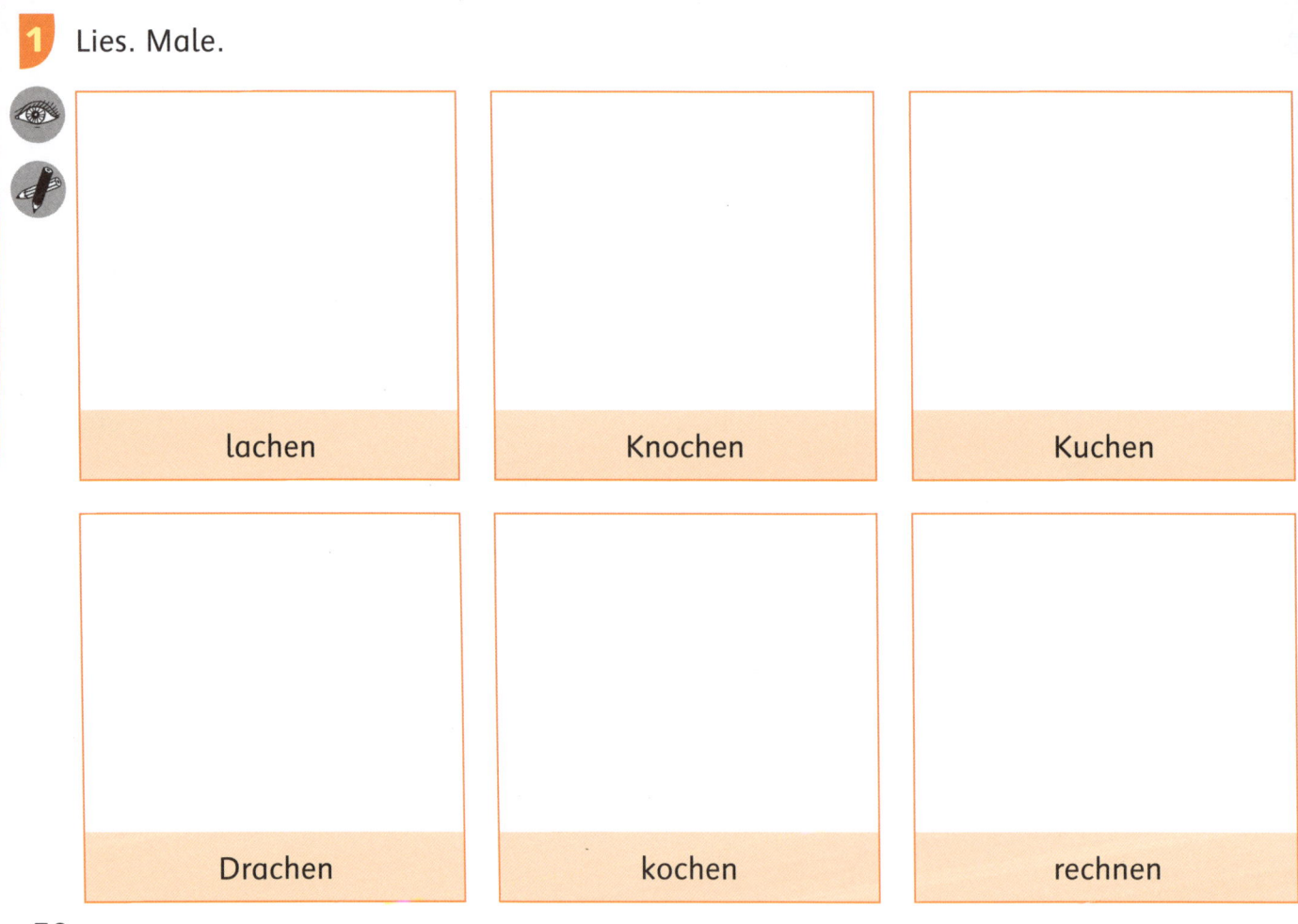

1 Lies. Male.

lachen	Knochen	Kuchen
Drachen	kochen	rechnen

1 Finde die Wörter. Schreibe die Wörter auf.

> Du kannst die Wörter im Rätsel auch einkreisen oder farbig markieren.

Y	K	N	O	C	H	E	N	H	Z	X
O	Z	Z	D	R	A	C	H	E	N	K
S	C	H	R	E	I	B	E	N	C	J
R	L	K	O	C	H	E	N	H	A	Q
G	Q	X	C	K	U	C	H	E	N	A
O	M	E	R	E	C	H	N	E	N	Z

Viel Spaß!

Lies von oben nach unten.

1 Lies das Wort. Trage den Buchstaben ein.

G — L — S — D

U — E — T — S

U — E — I

T — P — U — R

- ◯ Drachen
- ◯ Junge
- ◯ lachen
- ◯ schwimme
- ◯ singen
- ◯ schlafen
- ◯ Knochen
- ◯ Hummel
- ◯ malen
- ◯ Raupe
- ◯ Schlange
- ◯ rechnen
- ◯ Messer
- ◯ schreiben
- ◯ kochen

1+1 = 2

1 Verbinde mit dem passenden Bild.

Junge

Kochen

schlafen

schreiben

Schlange

Knochen

1 Verbinde.

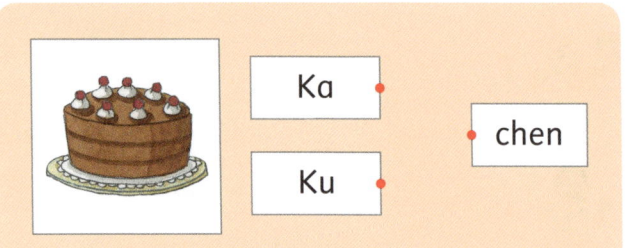
| Ka |
| Ku |
chen

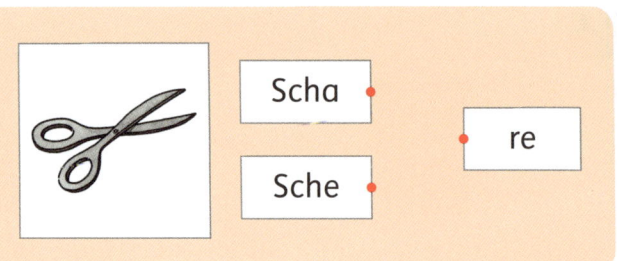
| Scha |
| Sche |
re

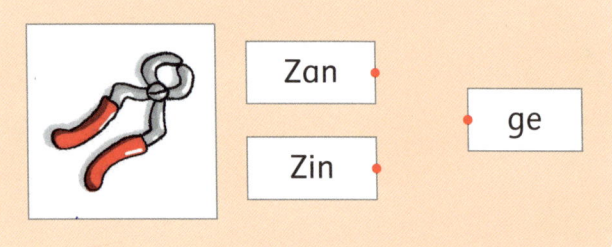
| Zan |
| Zin |
ge

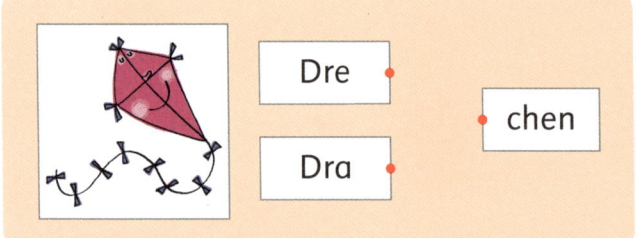
| Dre |
| Dra |
chen

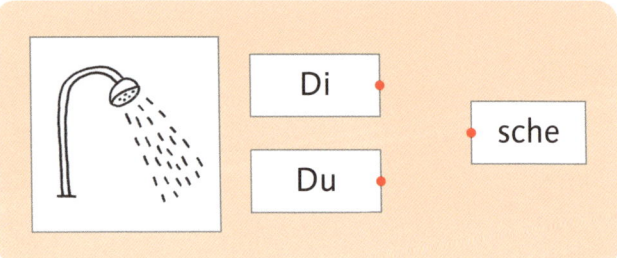
| Di |
| Du |
sche

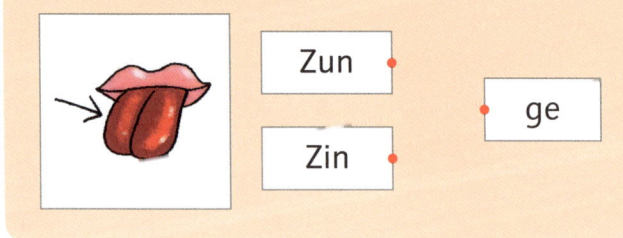
| Zun |
| Zin |
ge

54

Kreise die passende Silbe ein. Schreibe das Wort fertig.

la_____

chin

chon

chen

schwim_____

min

men

mon

brin_____

gin

gon

gen

ko_____

chen

chan

chon

Schau_____

kil

kel

kal

sin_____

gin

gen

gan

Das kann ich schon!

1 Lies. Male.

Schlange	schlafen	lachen
singen	Dusche	Drachen